Die Kunterbunt Fibel

Schreiblehrgang
Vereinfachte Ausgangsschrift

von
Horst Bartnitzky
und
Hans-Dieter Bunk

Grafik:
Wolfgang Metzger

Ernst Klett Grundschulverlag
Leipzig Stuttgart Düsseldorf

Zum Leselehrwerk
„Die Kunterbunt Fibel" gehören:

Fibel (Druckschrift)	2508
Fibel (Druckschrift – Beginn mit Großbuchstaben)	250801
Übungen mit integriertem Druckschriftlehrgang zu 2508	25081
Druckschriftlehrgang zu 250801	250811
Lehrerband zu 2508 und 250801	25079
Kunterbunt Hören und Schreiben – Unsere Schreibtabelle (10 Stück für Nachkäufe) zu 2508 und 250801	250815
Lehrerband zur Schreibtabelle	250805
36 Anlautbilder (DIN-A4-Blätter im Block, perforiert)	250715
Schreiblehrgang mit Lateinischer Ausgangsschrift	25083
mit Vereinfachter Ausgangsschrift	25082
mit Schulausgangsschrift	25085
Kunterbuntes Lesen und Schreiben	25078
Die kunterbunte Lesekartei Einzelsatz (64 Karten) im Holzkasten	250812
Einzelsatz ohne Holzkasten	250814
Handpuppe Dinosaurier (Niko)	250716

Abgestimmt auf die „Kunterbunt Fibel" ist auch:

Kunterbunt – Unsere Sachkartei 1 3x32 Karten in Holzbox	258211
Einzelsatz	258212
Lehrerkommentar	258219

Gedruckt auf Recyclingpapier, hergestellt aus 100% Altpapier.

1. Auflage   A   1 9 8 7 6   I   2004 2003 2002 2001

Alle Drucke dieser Auflage können im Unterricht nebeneinander benutzt werden, sie sind untereinander unverändert.
Die letzte Zahl bezeichnet das Jahr dieses Druckes.
© Ernst Klett Grundschulverlag GmbH, Leipzig 1996.
Alle Rechte vorbehalten.
Internetadresse: http://www.klett-verlag.de

Zeichnungen der Schwingübungen: Günter Bosch, Stuttgart
Satz: Lihs GmbH, Medienhaus, Ludwigsburg
Druck: Mitteldeutsche Druckanstalt Heidenau GmbH, Heidenau
ISBN 3-12-250820-6

Zum Aufbau des Schreiblehrgangs

1. Diesem Lehrgang für die verbundene Schrift sollte das Erlernen der Druckschrift vorausgegangen sein. Somit kann vorausgesetzt werden, dass den Kindern bereits die meisten Schreibfiguren (Strich, Girlande, Arkade, Ovale) geläufig sind.

2. Dem Aufbau und der Buchstabenreihenfolge liegen folgende Prinzipien zugrunde:
   – Beginn mit Buchstaben innerhalb des Mittelbandes, dann folgen Buchstaben mit Oberlängen, dann Buchstaben mit Unterlängen und selten gebrauchte Buchstaben.
   – Beginn mit Buchstaben, die den bereits bekannten Druckbuchstaben stark ähneln, also ein Aufbau vom Leichteren zum Schwereren.
   – Die Buchstabeneinführung ist außerdem so gewählt, dass rasch sinnvolle Texte erstellt werden können.
   – Die Übungswörter sind so gewählt, dass die neuen Buchstaben in unterschiedlichen Ver- und Anbindungen geschrieben werden.
   – Alle Merkwörter des Fibellehrgangs werden im Schreiblehrgang (meist mehrfach) geübt.

3. Die notwendigerweise umfangmäßig begrenzten Übungen des Schreiblehrgangs sind so gefasst, dass die Kinder sie weitgehend selbstständig, z. B. auch in Wochenplanarbeit erledigen können. Dies gilt insbesondere für die grau unterlegten Aufgaben, für die ein Schreibheft oder Schreibblätter benötigt werden. Weitere Übungs- und Anwendungstexte bieten sich sicherlich im Kontext des übrigen Sprach- und Sachunterrichts an.

4. Das Buchstabenhaus von S. 44 kann entweder zum Schluss des Lehrgangs vervollständigt werden oder im Sinne eines Fortschrittdokuments können dort die Buchstaben nach und nach eingetragen werden. Ähnlich kann mit dem 16-seitigen Abc-Wörterbuch der Seiten 45–48 verfahren werden, das den Kindern bei freien Texten eine Hilfe ist.

Zum Einsatz des Schreiblehrgangs

1. Die Bewegungsgrundformen sollten zuerst in Großschwungübungen (Luft, Tafel, Tischplatte, Computerpapier) geübt werden. Im Heft werden sie dann mit verschiedenfarbenen Stiften mehrfach nachgespurt. Zusätzliche rhythmische Hilfen können die eingedruckten Sprechverse sein.

2. Die Buchstabenformen werden ähnlich vorgeübt wie die Bewegungsgrundformen. Im Heft wird zunächst der großformatige Buchstabe mit verschiedenfarbenen Stiften mehrfach nachgespurt. Dann wird der Kasten mit kleiner geschriebenen Buchstaben ausgefüllt.

3. Alle grau gedruckten Buchstaben und Wörter werden nachgespurt.

4. Der Frosch ist ein Erinnerungszeichen für Luftsprünge (Unterbrechungszeichen für Luftsprünge, um Drehrichtungswechsel zu vermeiden).

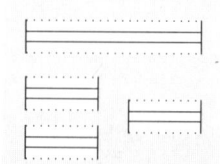
5. Für diese Schreibübungen wird ein Blanko-Heft DIN A5 mit eingelegtem Linienblatt benutzt (Kopiervorlagen für Linienblätter im Lehrerband).
Alternative: Schreibblätter/Schreibhefte mit Lineaturen 1, 2 oder 3.
a) Texte werden abgeschrieben.
b) Textelemente in Kästchen werden von den Kindern zu sinnvollen Texten zusammengestellt und aufgeschrieben.

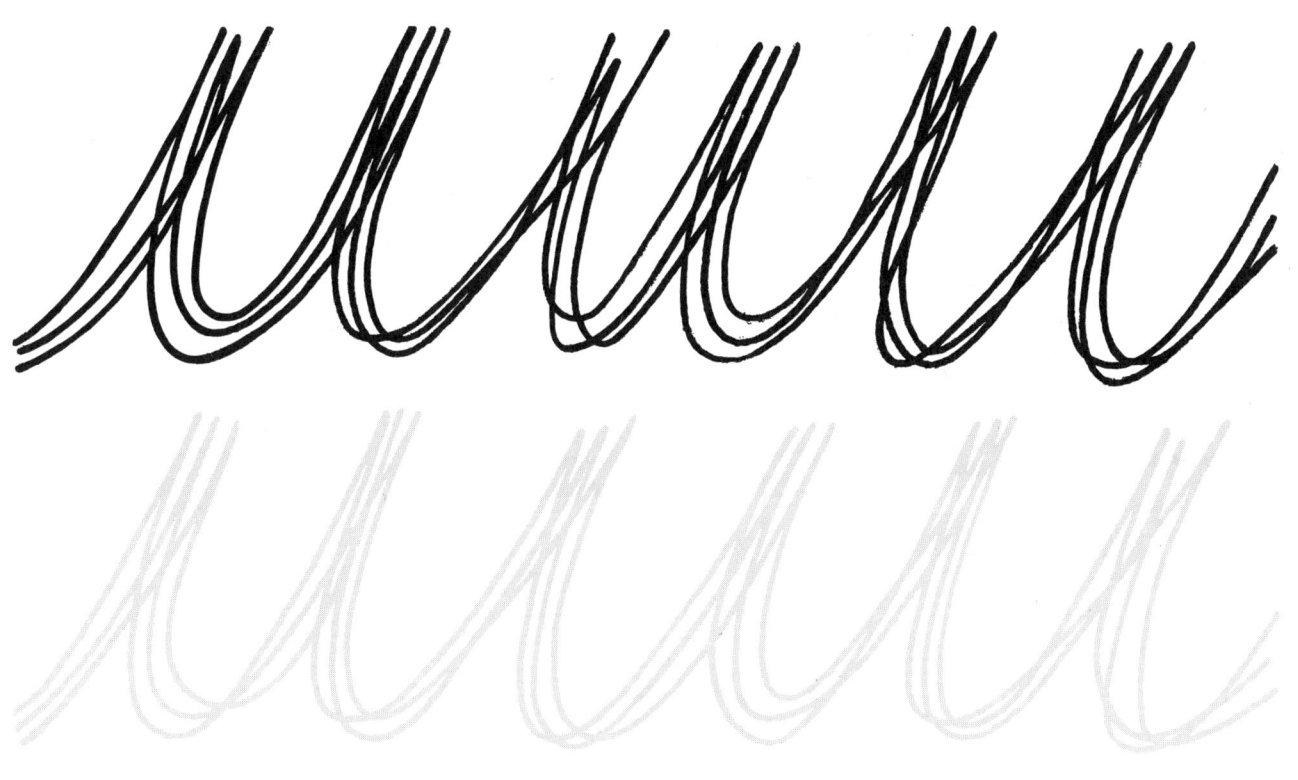

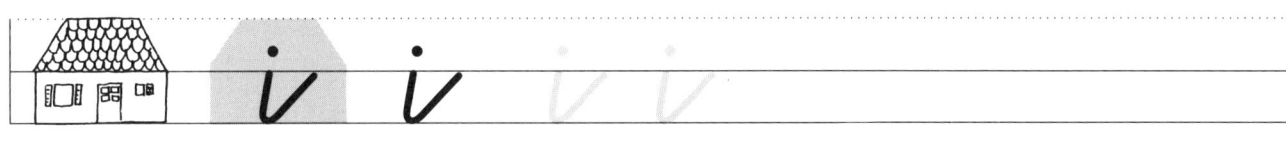

Lili ist lieb.

m

m m m m m

m m m m m

m

im

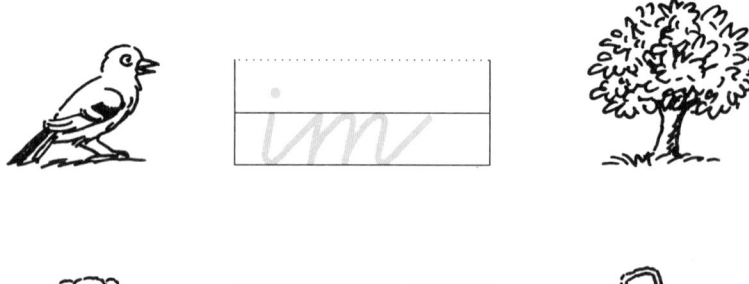

im

n

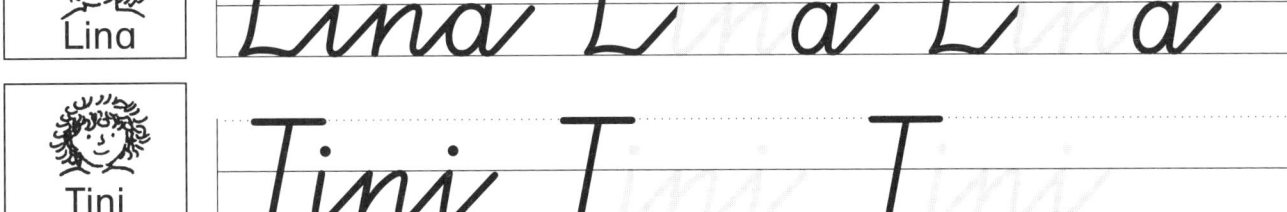

Lina Lina Lina

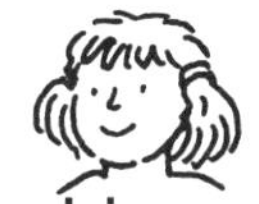

Tini Tini Tini

Lina legt  _____ den

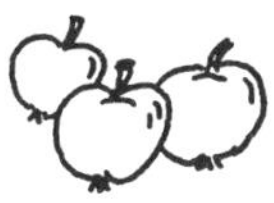

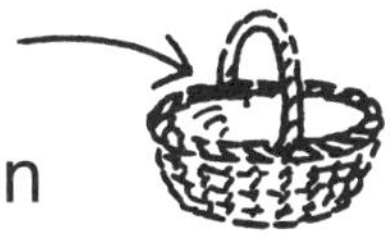

Lina stellt  _____ den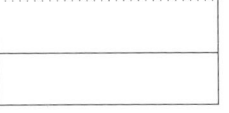

Lina packt 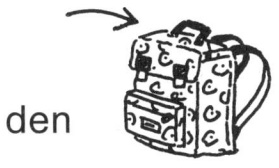 _____ den

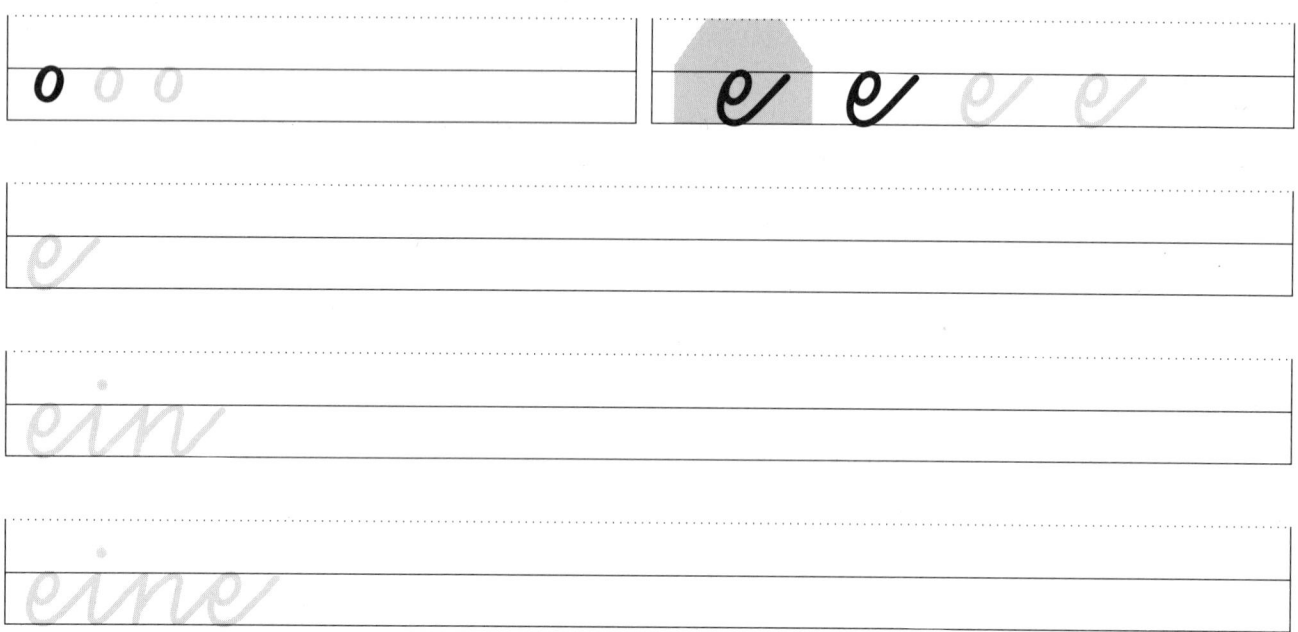

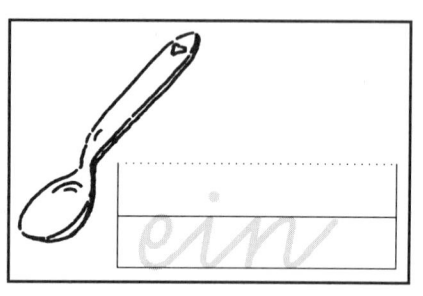
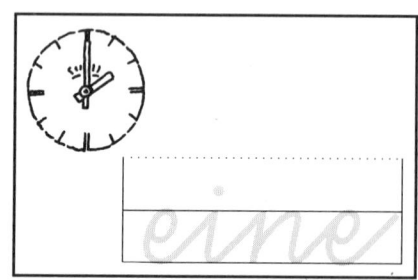

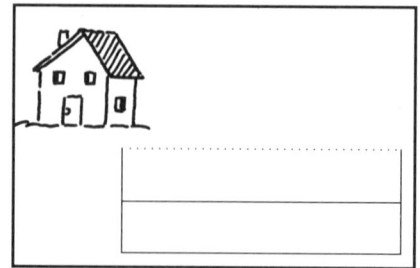
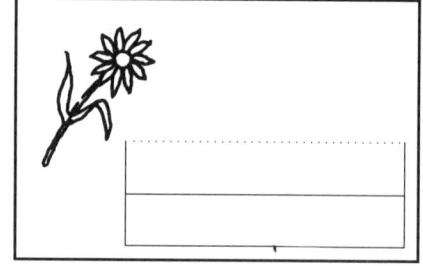

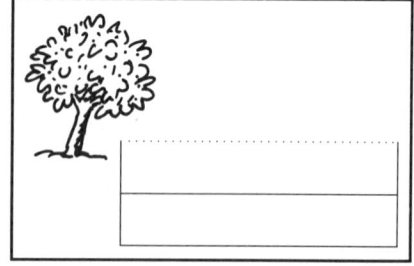
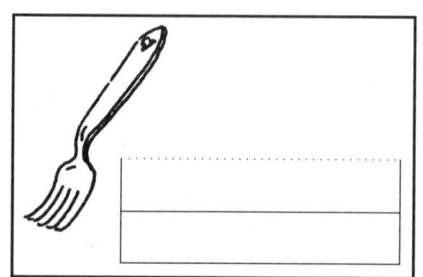

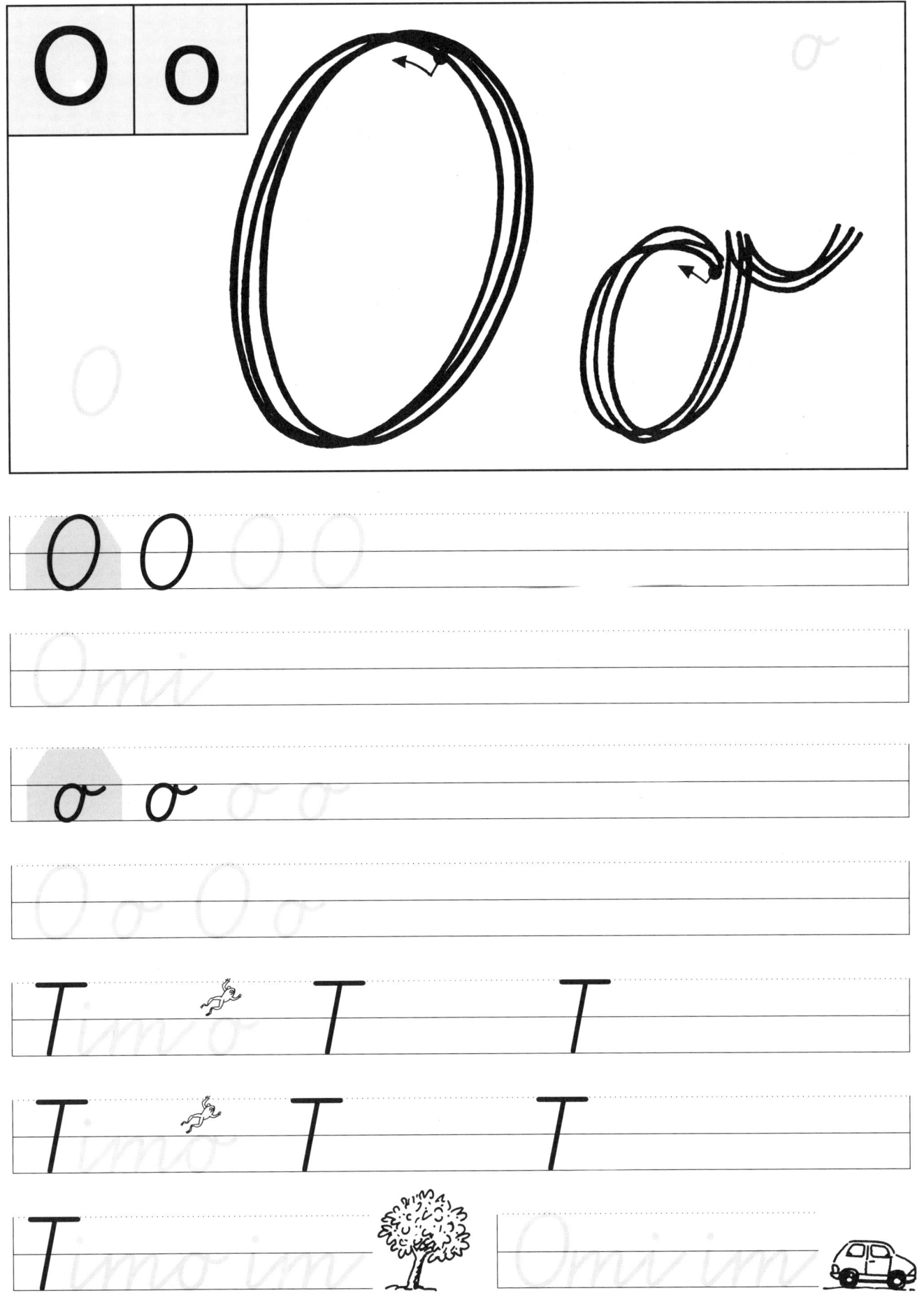

a a a

a a a a

a

am

Mami Mami M

Mama M M

Mama M M

Oma

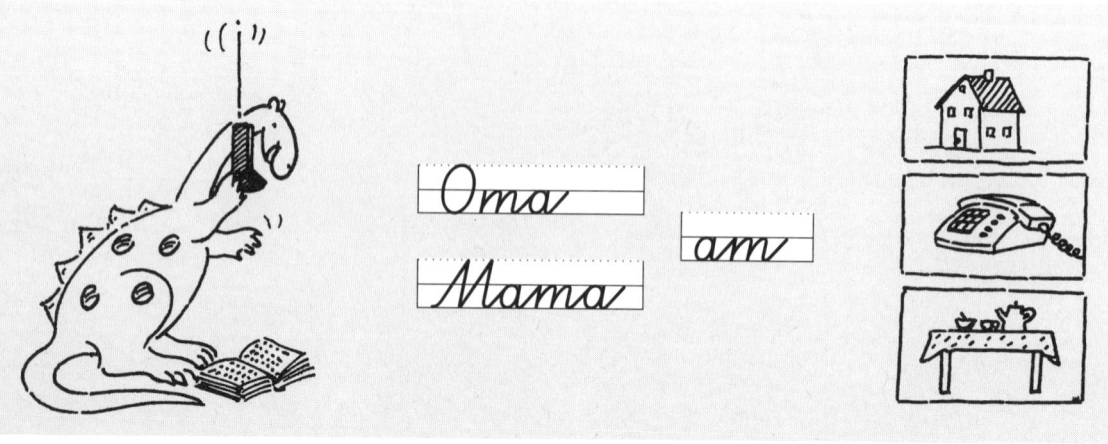

Oma   am
Mama

8

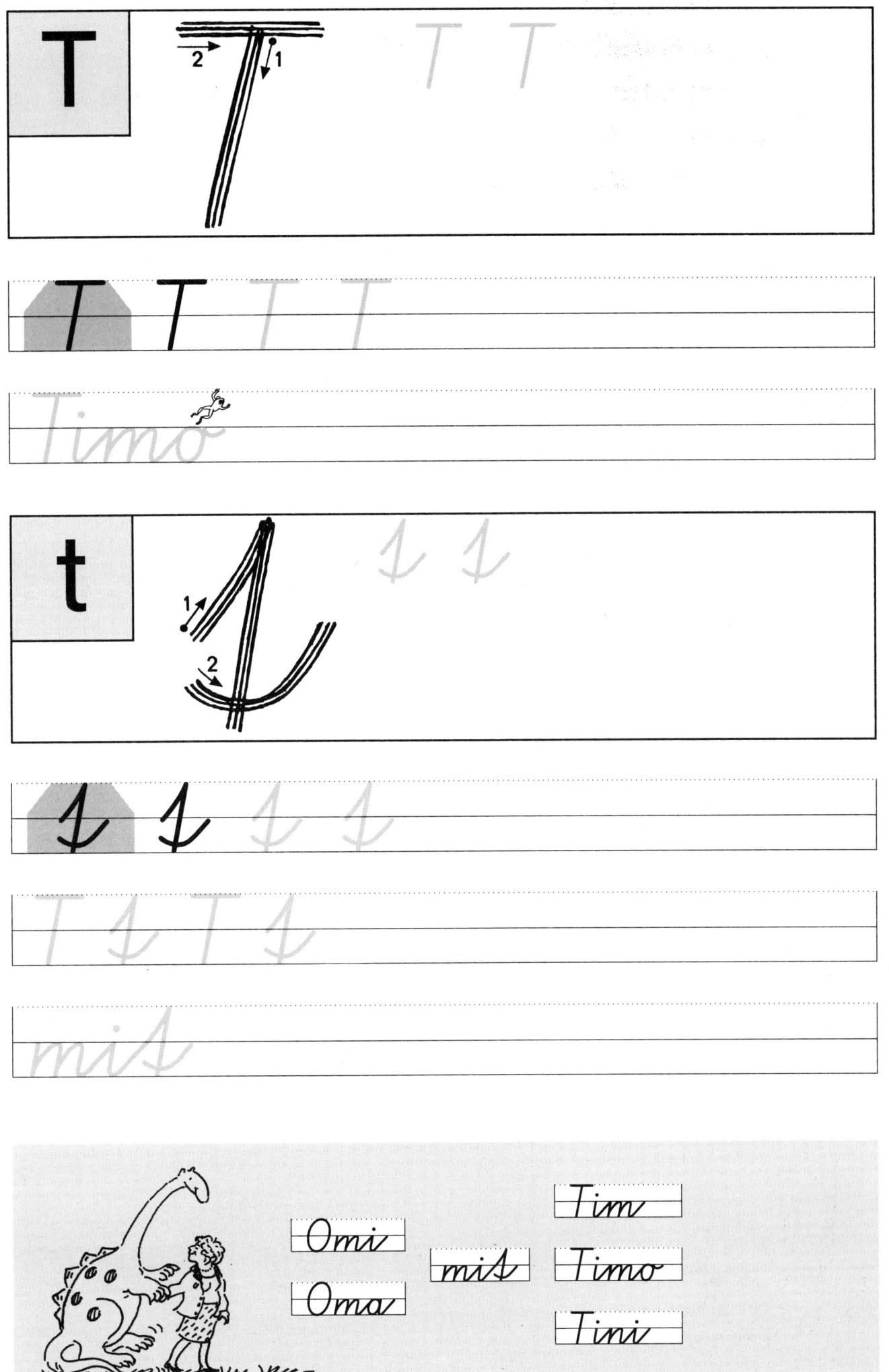

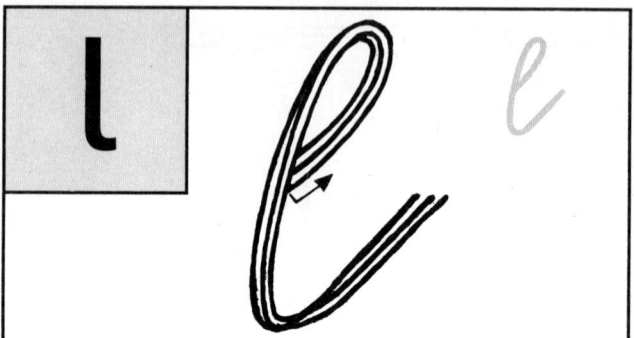

l l *l l*

malen

malt

L L *L L*

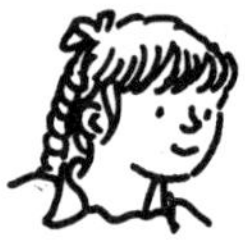

Lilo

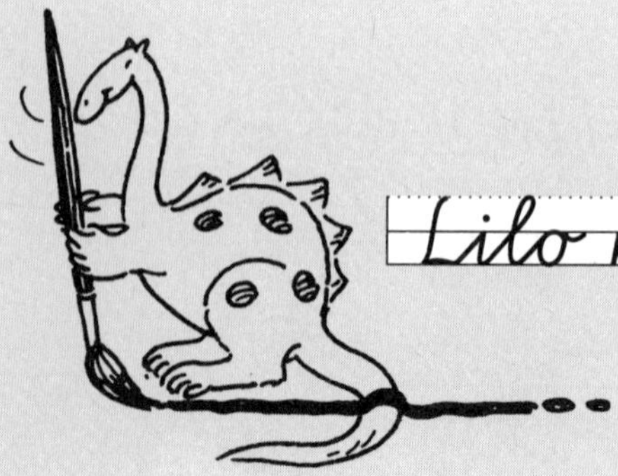

Lilo malt mit | Timo.
Oma.
Leo.

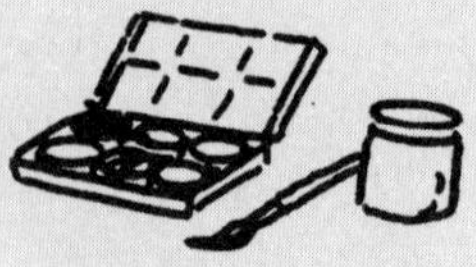

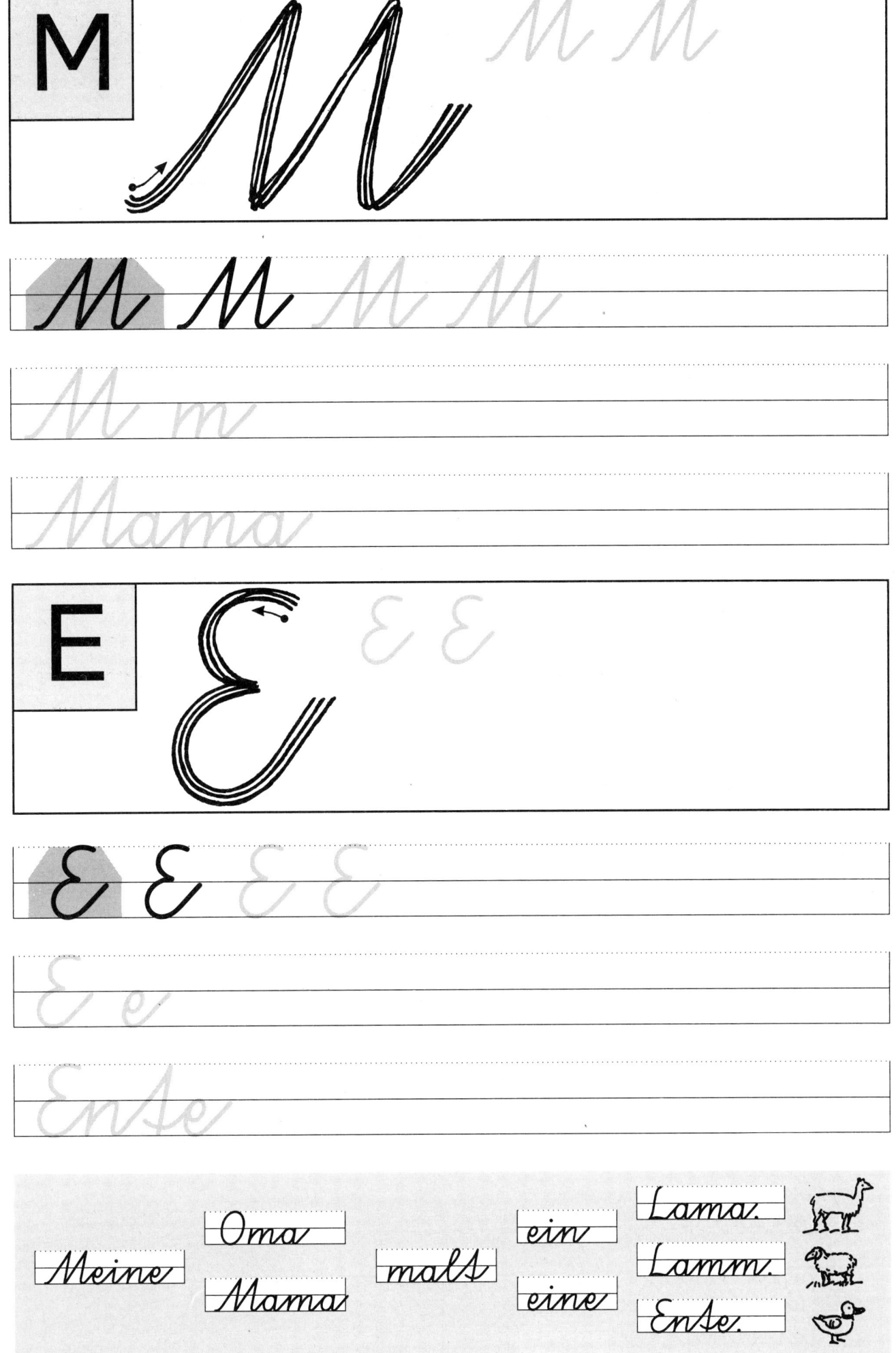

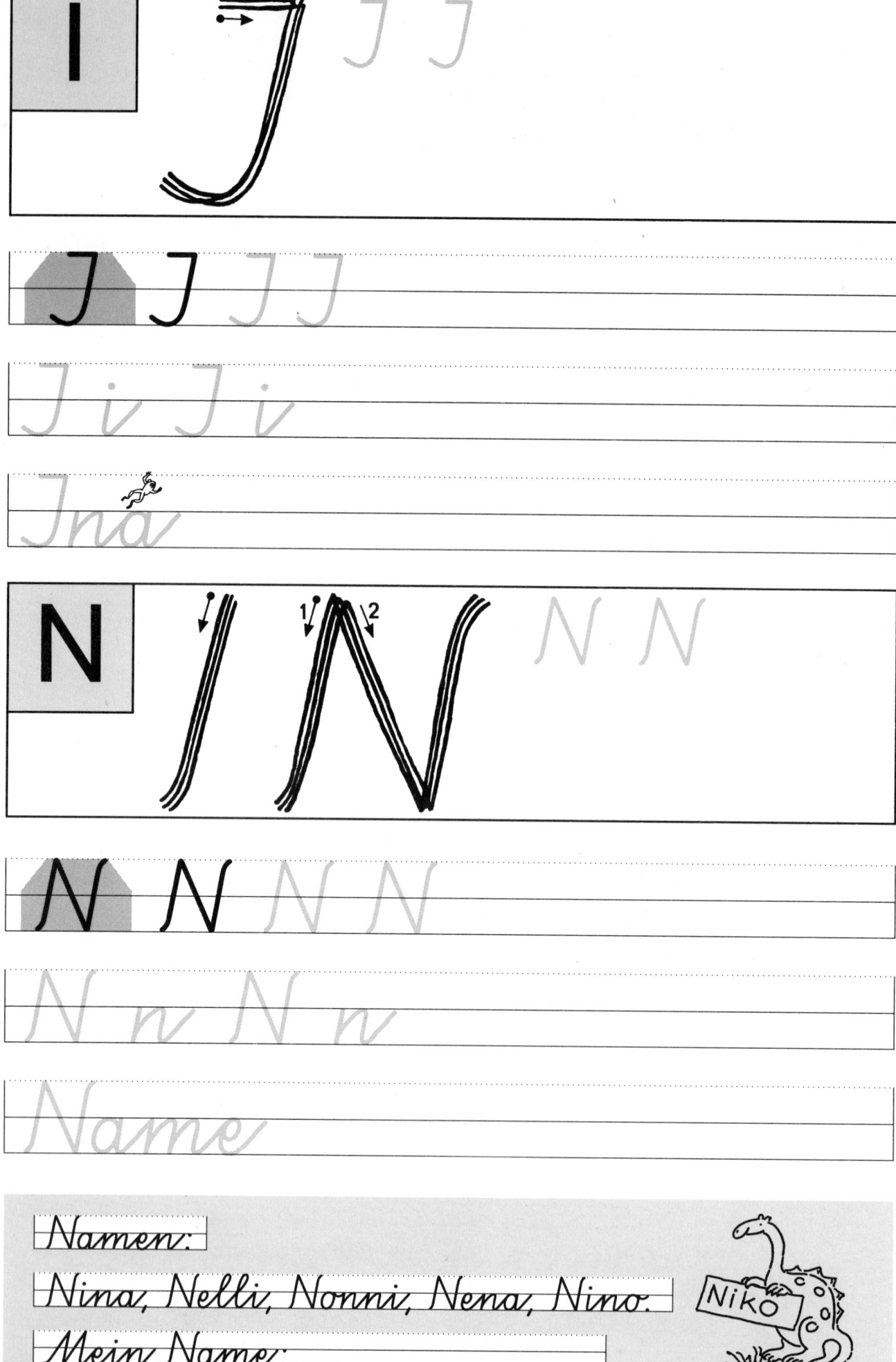

Namen:
Nina, Nelli, Nonni, Nena, Nino.
Mein Name:

A A A A

A a A a

Ali

Anna

Anna nimmt Ali mit.

Ali teilt mit Anna.
Anna teilt mit Ina.
Ina teilt mit Leo.
Leo teilt mit Tim.
Tim teilt mit Ali.

D

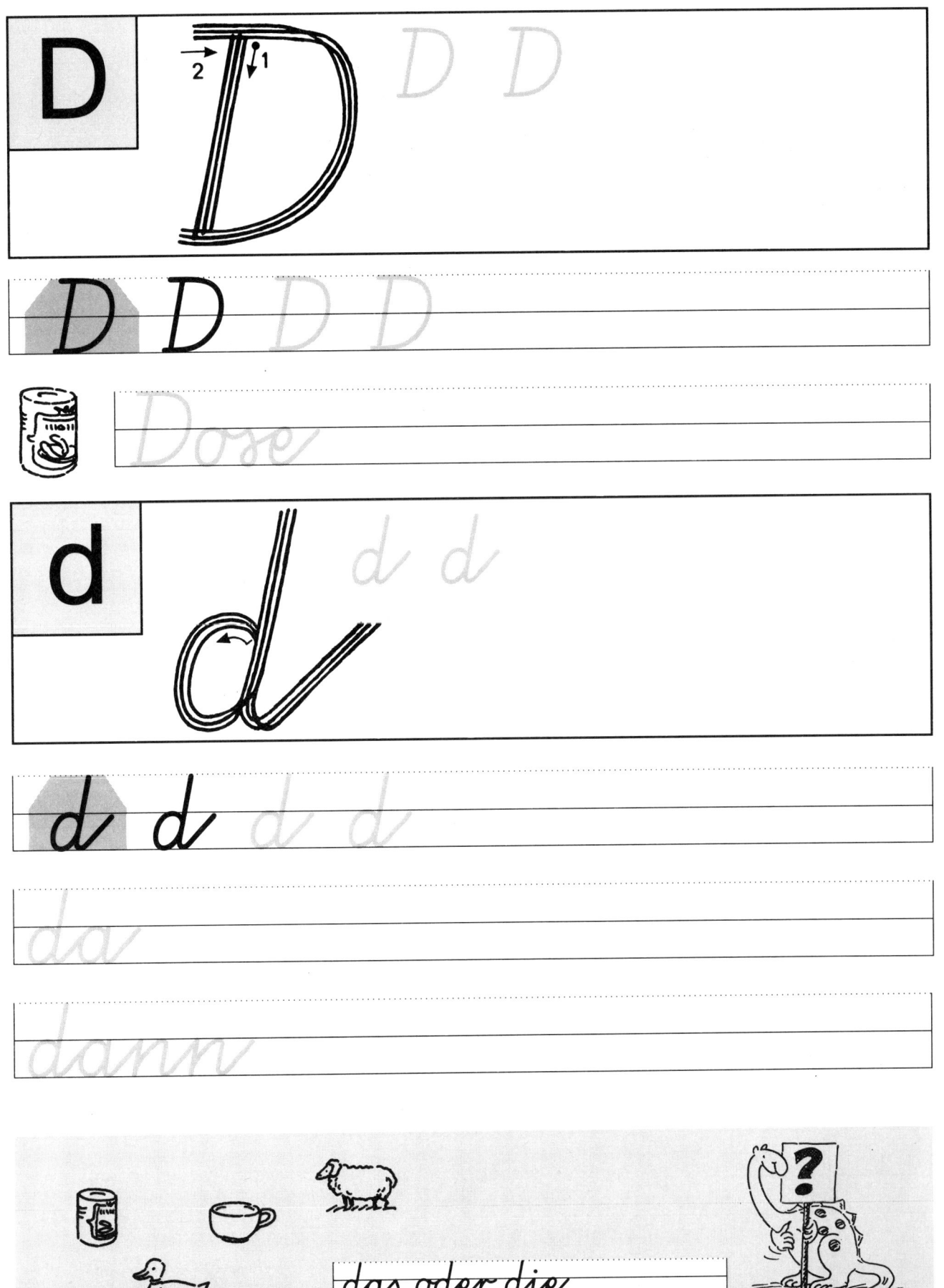

D D

D D *D D*

Dose

d

d d

d d *d d*

da

dann

das oder die

? Dose, ? Lama, ? Ente,

? Tasse, ? Insel, ? Lamm

U U U U

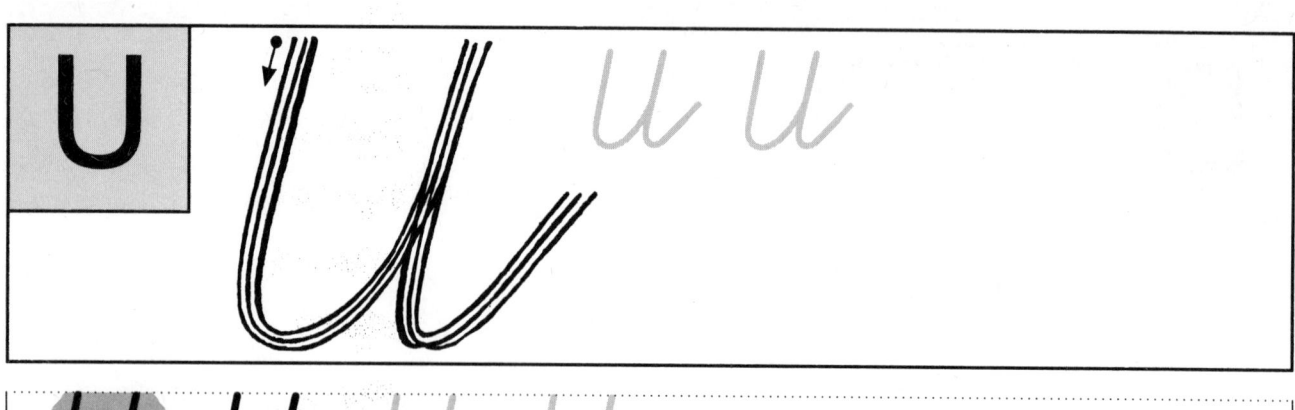

U U U U

Uli

u u u

u u u u

um

und

Uli   Ali   Salat.
Ute und Selma essen Tomaten.
Udo   Lisa   Salami.
        Nudeln.

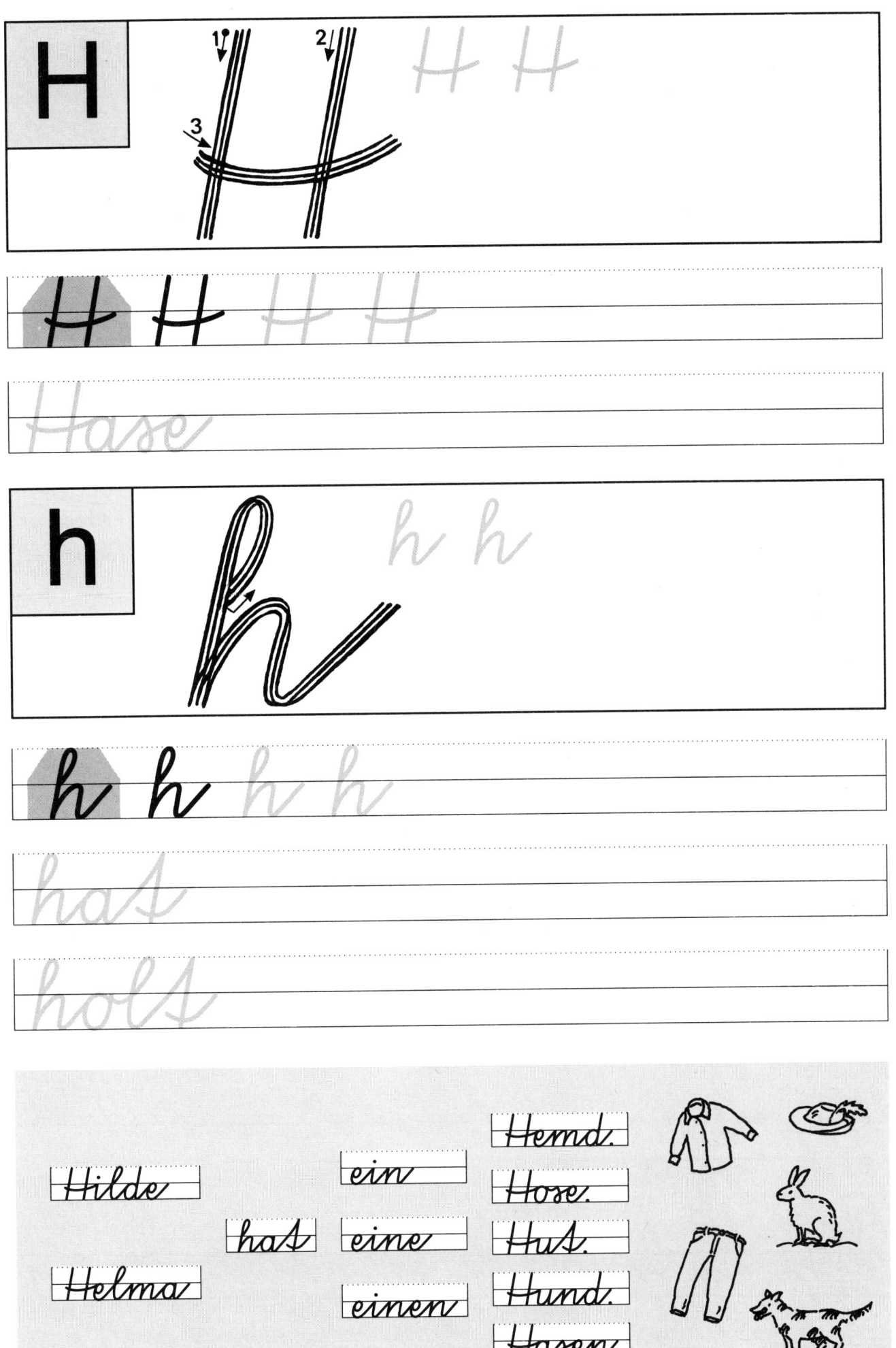

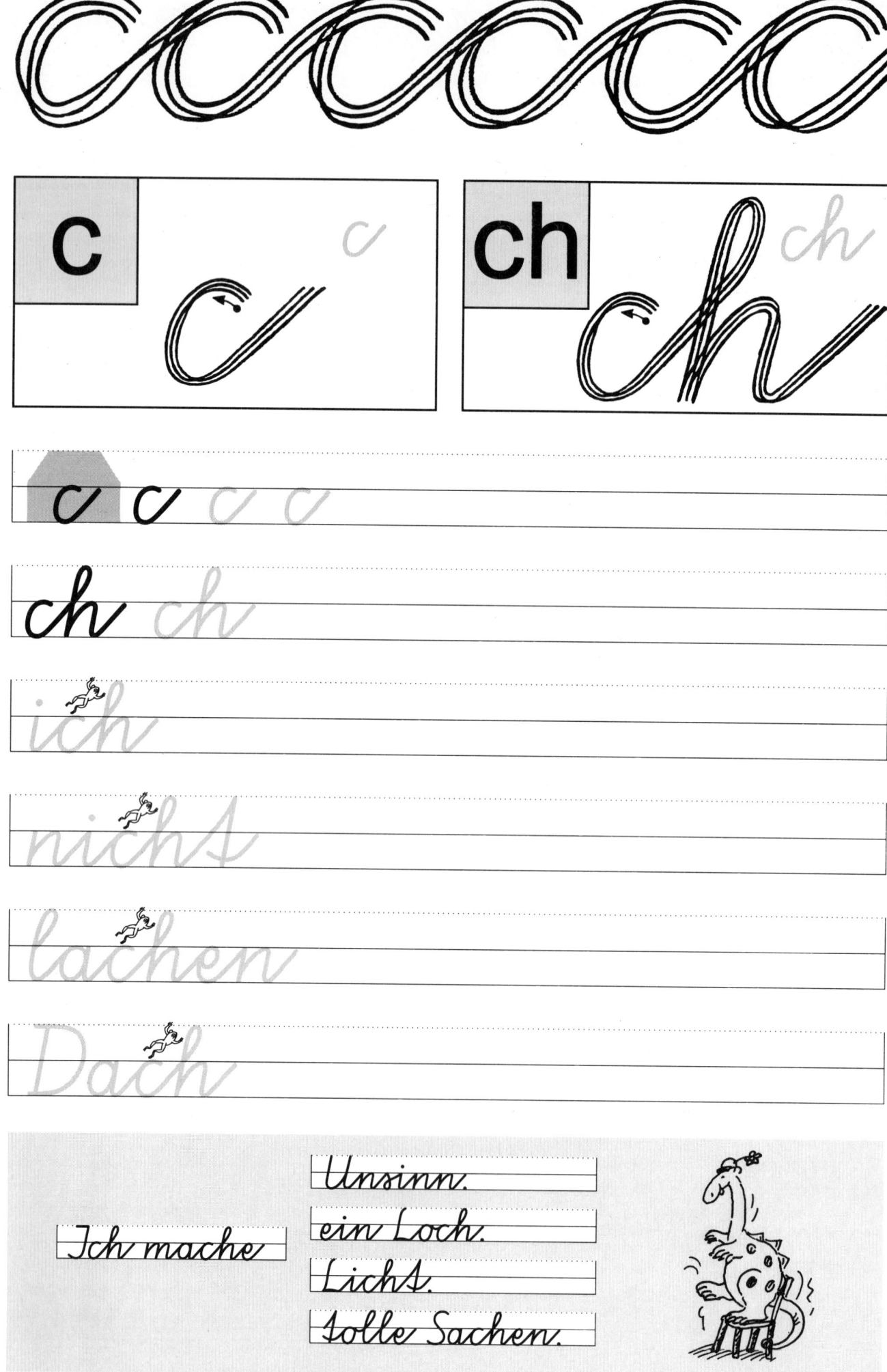

c

ch

ich

nicht

lachen

Dach

Ich mache Unsinn.
ein Loch.
Licht.
tolle Sachen.

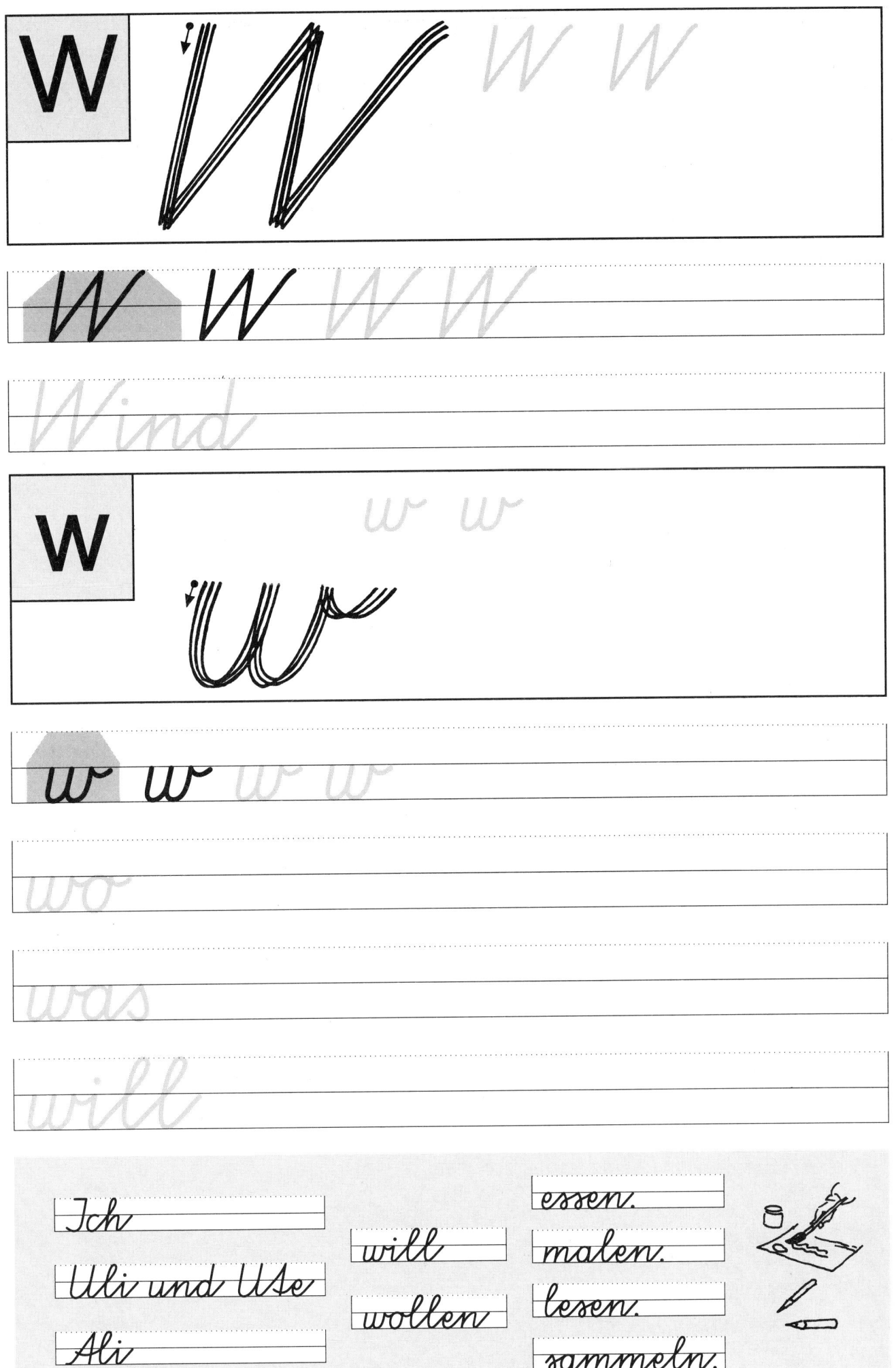

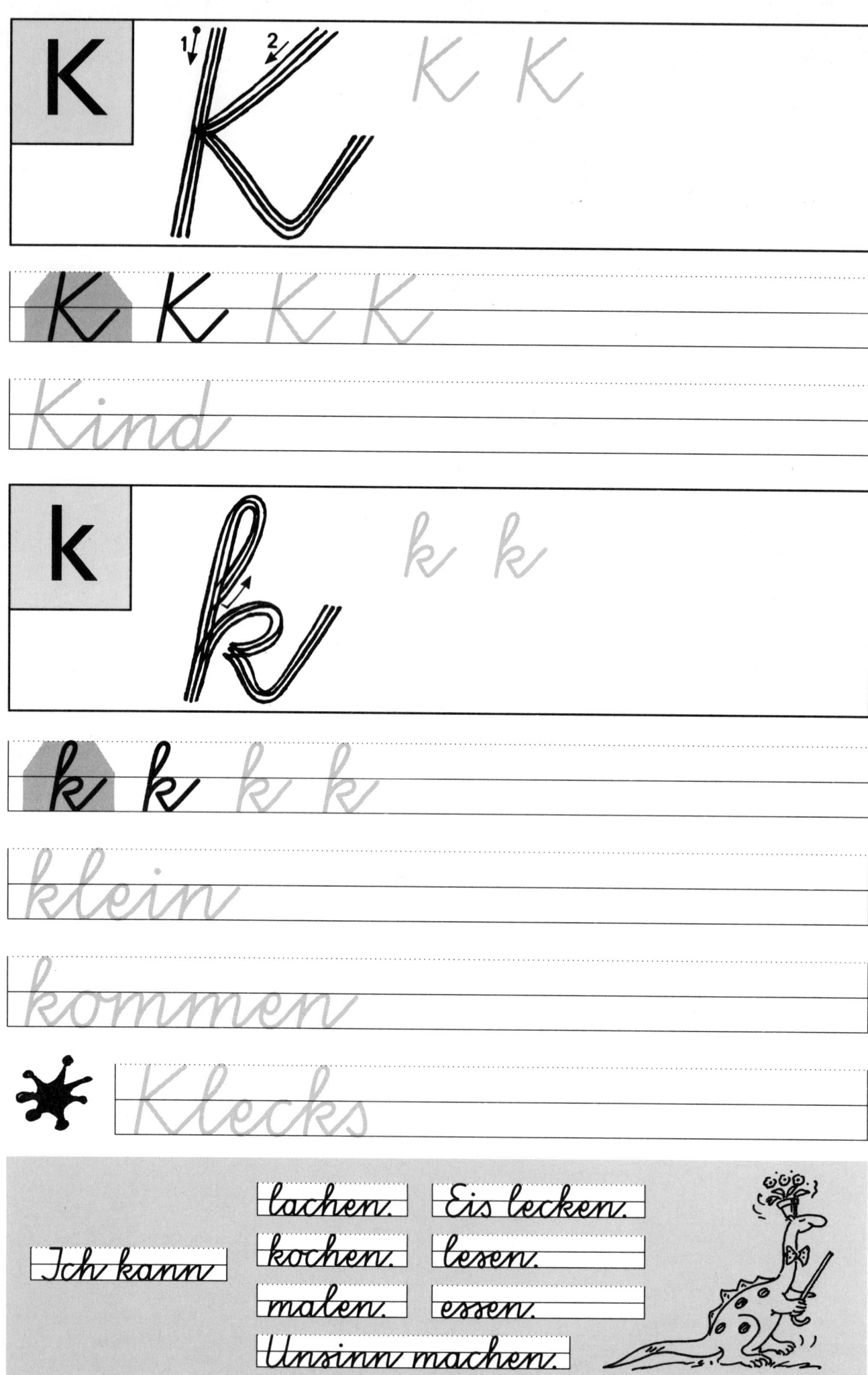

K K K

K K K

Kind

k k

k k k

klein

kommen

Klecks

Ich kann lachen. Eis lecken.
kochen. lesen.
malen. essen.
Unsinn machen.

Au Au

Auto

au au

Haus

Ein Haus ist keine Maus.
Eine Maus ist keine Laus.
Das Auto ist kein Haus.
Aus!

Eu eu Eu eu

Eule

neun

Ein Uhu heult weise.
Neun Eulen heulen leise.
Eine kleine Meise lacht:
Ach, ist das laut, heute Nacht.

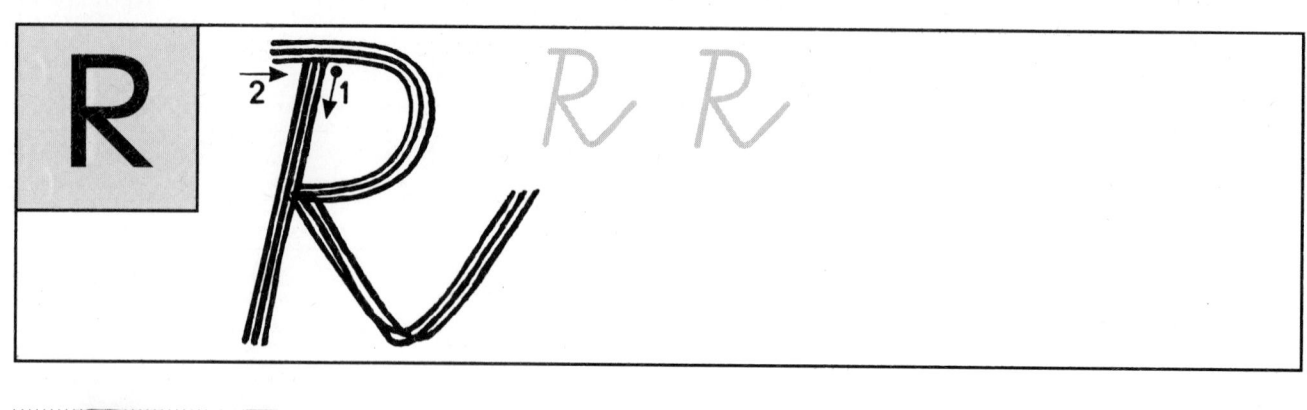

R R R R

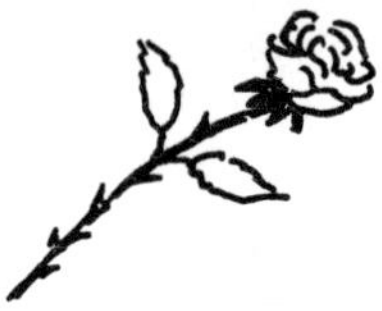

Rose

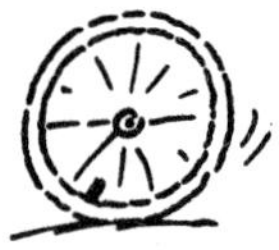

Rad

r r r

r r

rot

rennen

Das Rad
Der Rose ist rot.
Die Roller rosa.

der, die, das,

Auto  das Auto	Hut 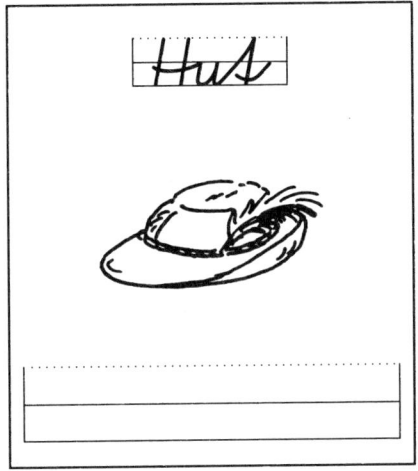	Rock 
Kuh 	Dach 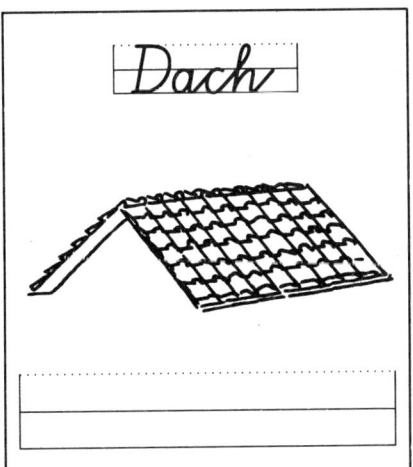	Wal 
Haus 	Hand 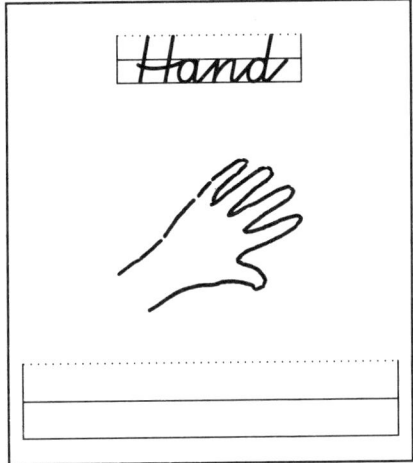	Mond 
Uhr 	Sonne 	Hund 

B

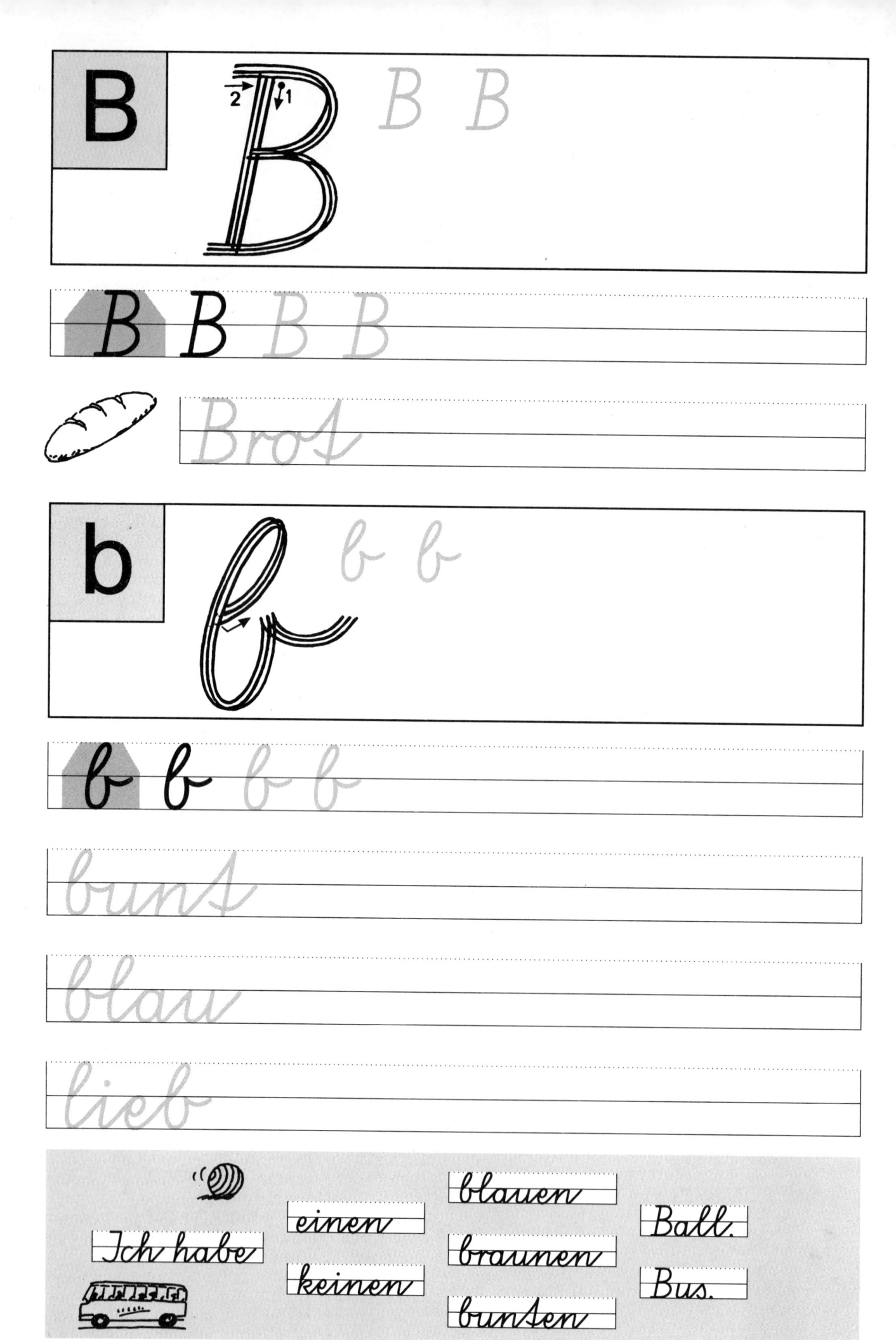

B B B

B B B B

Brot

b

b b b b

bunt

blau

lieb

Ich habe einen blauen Ball.
keinen braunen Bus.
bunten

✎ Birnen   Butter   Brot   Bohnen

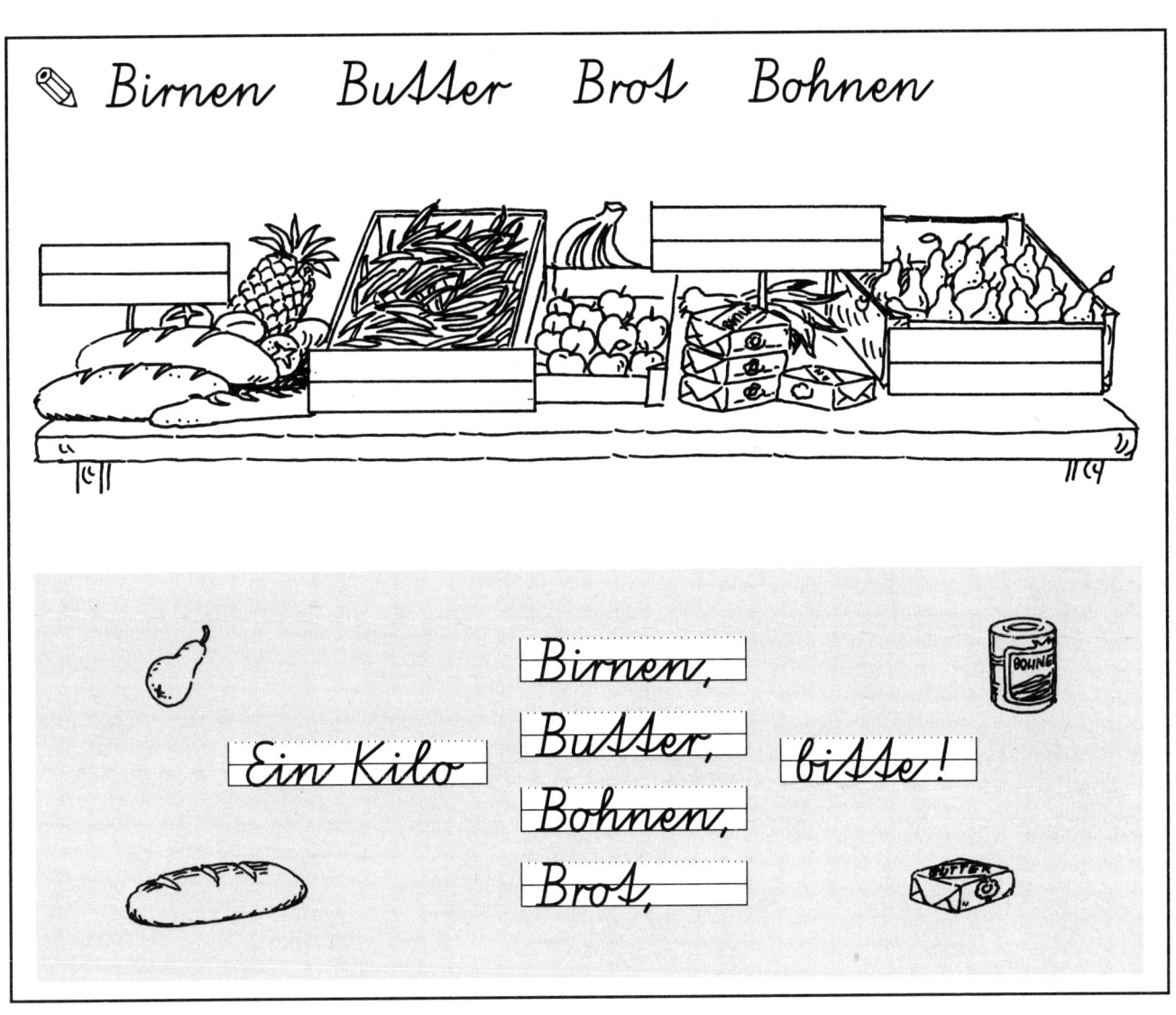

Ein Kilo Birnen, Butter, Bohnen, Brot, bitte!

✎ malen   rennen   lachen   braten   tauchen   tanken

Schule

sch sch

schreiben

 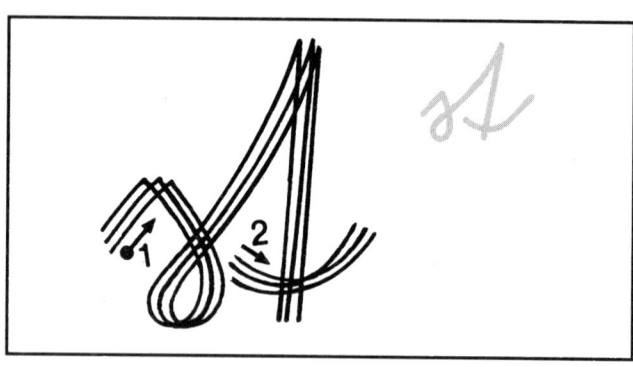

Stern

stehen

stark

staunen lachen
Wir turnen streiten in der Schule.
schreiben schwimmen

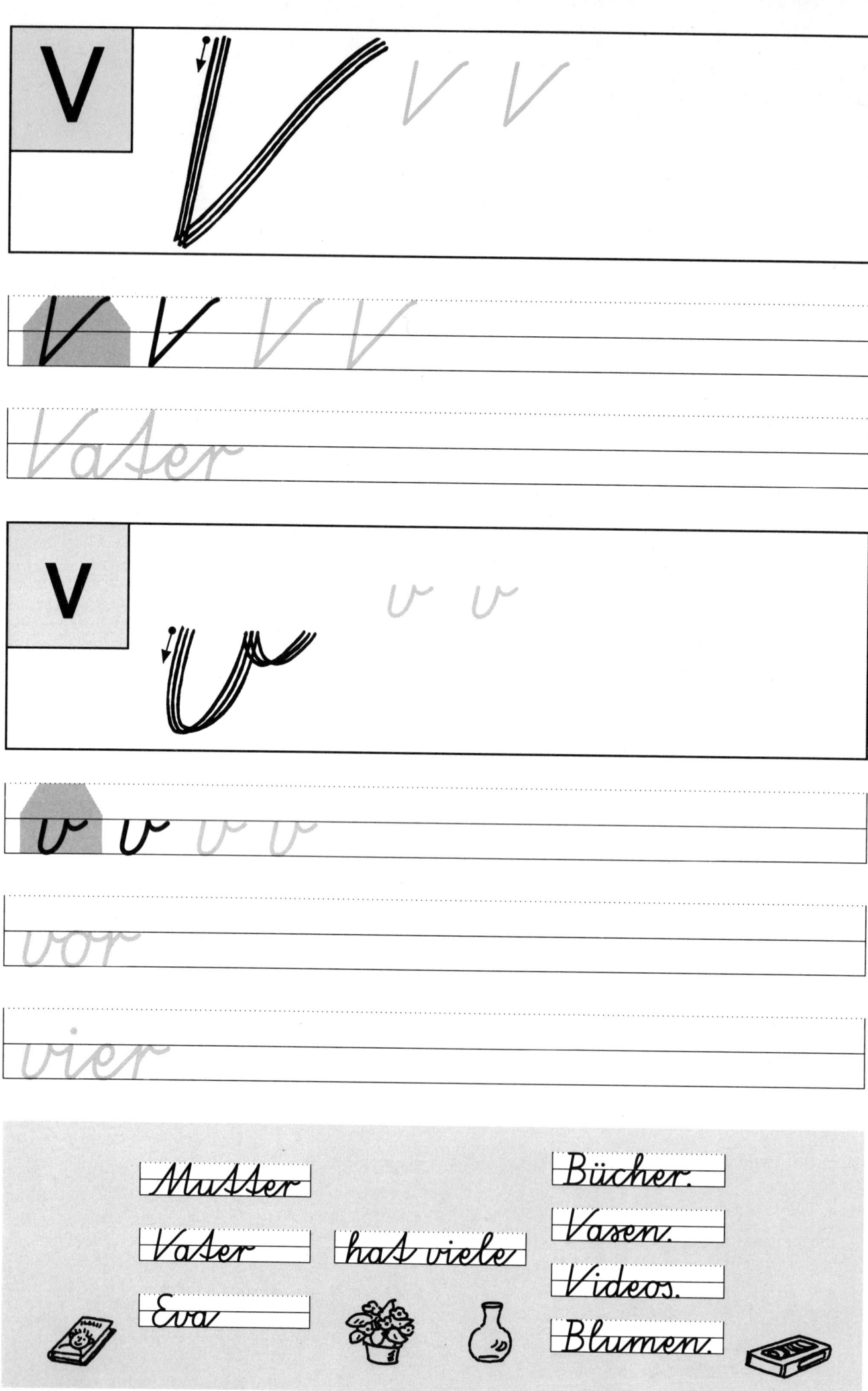

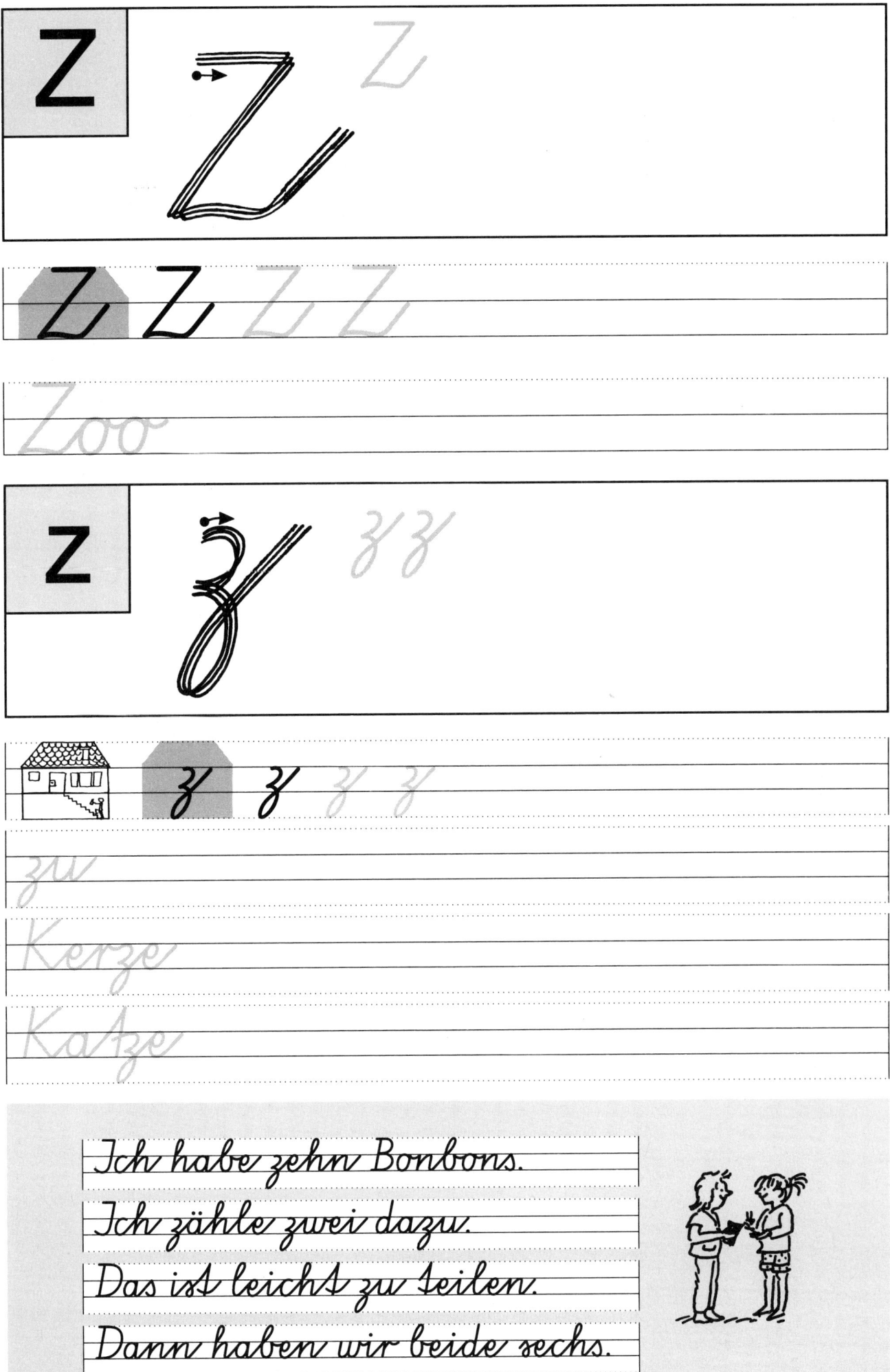

Zoo

zu
Kerze
Katze

Ich habe zehn Bonbons.
Ich zähle zwei dazu.
Das ist leicht zu teilen.
Dann haben wir beide sechs.

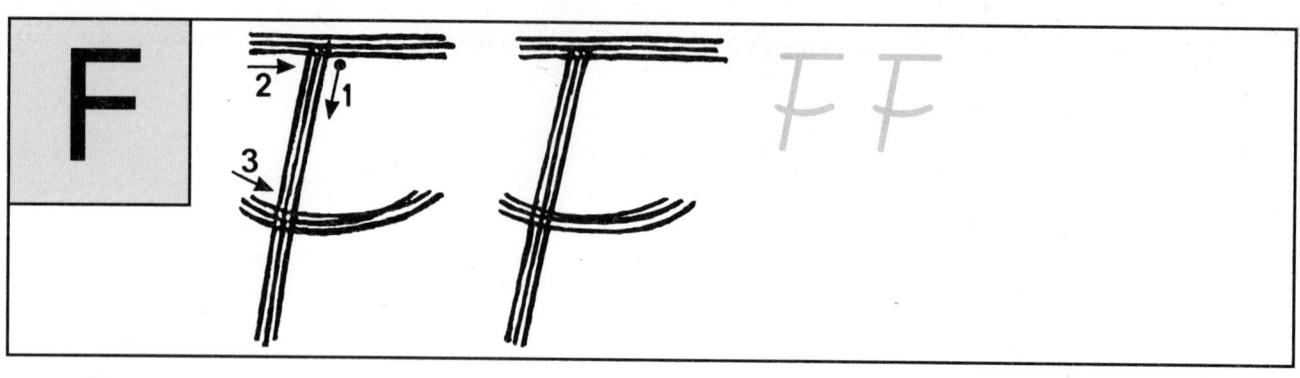

Feder

Freundin

finden

rufen

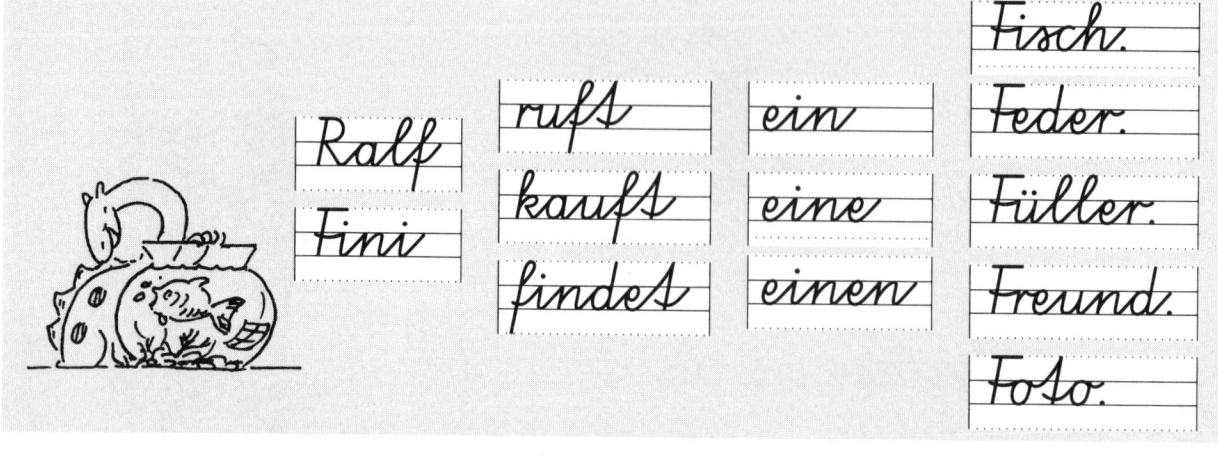

G g

Geld

gehen
legen

Wir sagen: Guten Morgen!
Guten Tag!
Guten Abend!
Gute Nacht!

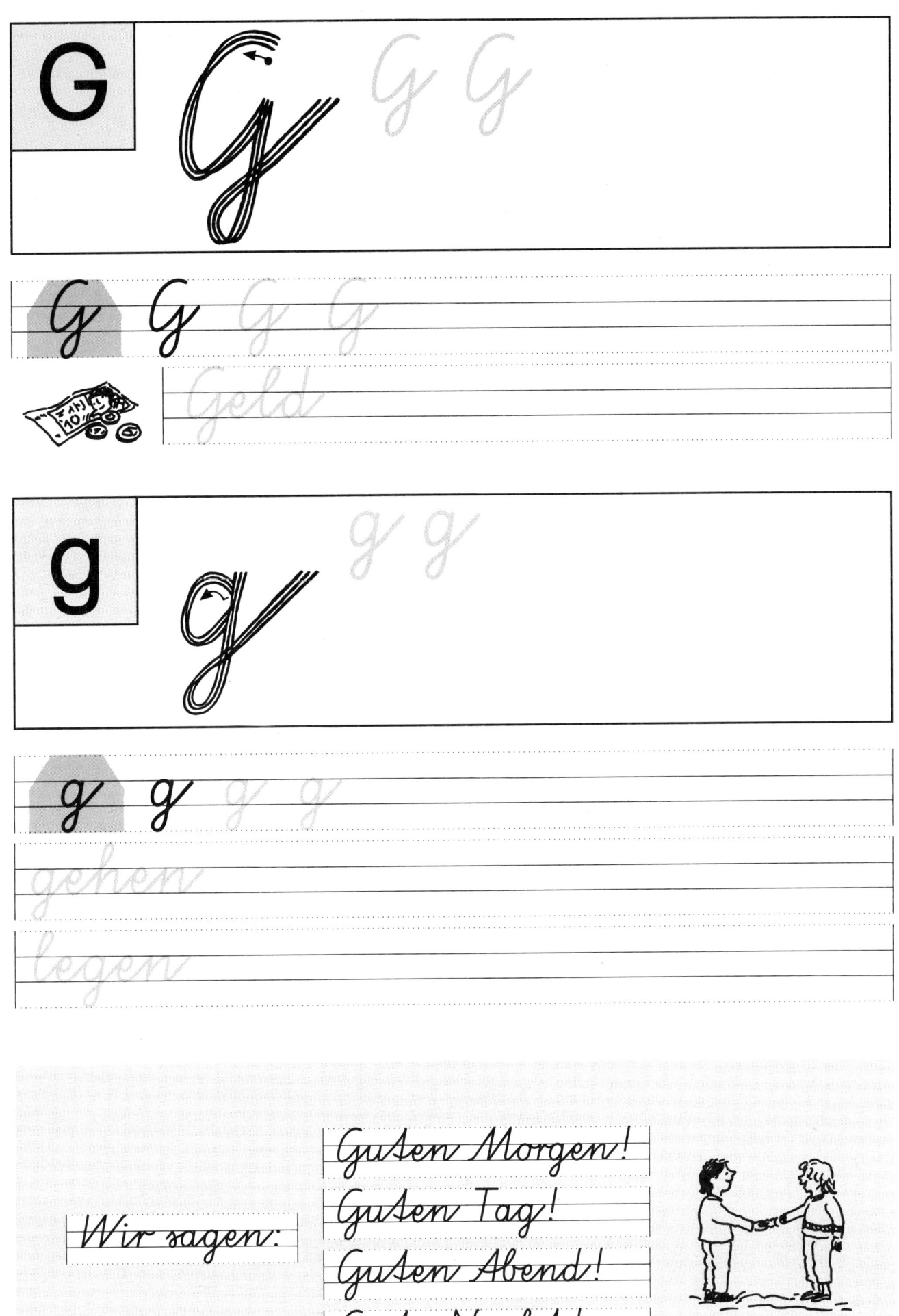

Gegensätze

krank →	← *gesund*	gesund
schnell →	←	langsam
dick →	←	gut
→	← schlecht	
riesig →	←	winzig
warm →	←	zahm
→	← traurig	lustig
→	← wild	alt
neu →	←	dünn
→	←	kalt
rau →	←	glatt

P P P P

Post

Pflanze

p p p p

Papa

pflücken

| Opa | packt ein Paket für | Pia. |
| Papa | kauft eine Pizza für | Pit. |

J

J J J

J J J J

Juni

j

2 …
1

j j j

j j j j

ja

jeder

Geburtstage

Tanja feiert im Juni.

Julia feiert im Juli.

Jens feiert im Januar.

Alle feiern jedes Jahr.

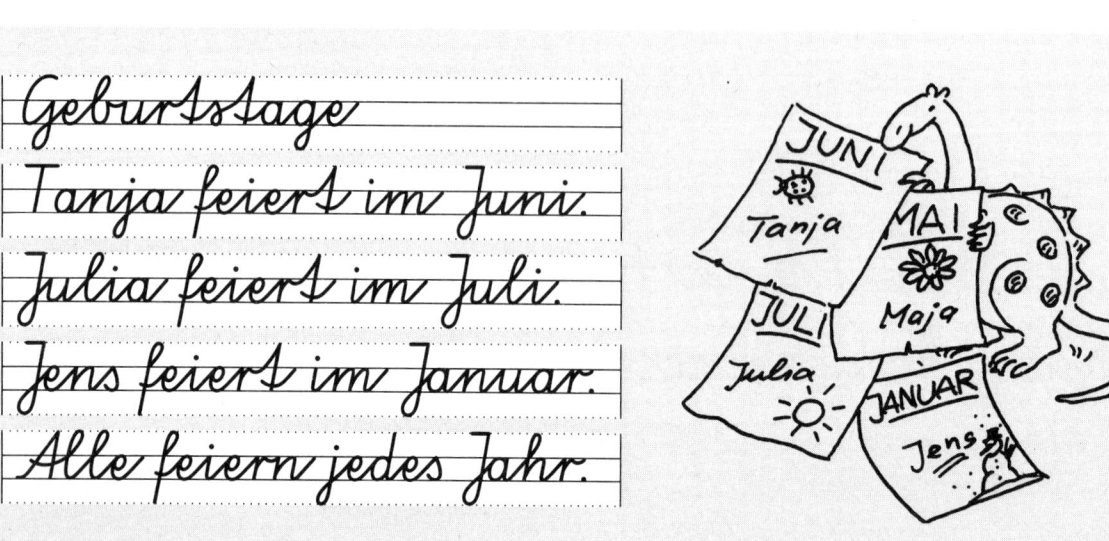

ja oder *nein*

Ich esse gerne Eis.

Ich lese gerne.

Ich habe Hunger.

Ich schlafe gerne.

Ich kann schwimmen.

Ich bin krank.

Ich schreibe gerne Briefe.

Sp sp

Spiegel

spielen

Ich spiele gerne — Katze und Maus.

schwarzer Peter.

mit Puppen.

mit Autos.

Gummitwist.

Das mache ich gerne:

Das mache ich nicht gerne:

spielen	rennen	einkaufen	lachen
malen	lesen	schwimmen	weinen
essen	turnen	schlafen	spülen
fliegen	rechnen	aufräumen	fernsehen

ß

ß ß ß ß

süß

groß

fleißig

groß oder klein

Ein Riese ist

Ein Elefant ist

Eine Maus ist

Geheim! Geheim! Geheim!

Liebe Julia!
Komm doch zum Floß
unten am Fluss.
Das wird ein Spaß.
Und komme zu Fuß.
Gruß,
dein Marius

Welche Farbe?

Male an und beschreibe.

Das Schaf ist weiß.

gelb
braun
rot
blau
grün
schwarz
lila
weiß
grau

Schaf
Lok
Auto
Bär
Stiefel
Bus
Katze
Ball
Buch

Qu

Qu Qu Qu Qu
Quark
Qualm

qu

qu qu qu qu
quatschen
quieken
überqueren

Quallen
schwimmen kreuz und quer
durch das Meer.

Ein Quiz mit qu-Wörtern

Ein Quiz ist ein Fragespiel.

quieken
quaken
Quallen
Qualm
Quelle
Quark

Was machen die Frösche?
Sie

Was machen kleine Schweine?
Sie

Was kommt aus dem Schornstein heraus?
Das ist

Was schwimmt im Meer?
Das sind

Wie nennt man den Anfang eines Baches?
Das ist eine

Was kann man mit Kresse oder mit Obst essen?
Das ist

Schreibe 4 Quizfragen und die Antworten in Schreibschrift in dein Heft.

C Ch

C C

Clown

Computer

Ch Ch

Chor

Christbaum

Namen mit C und Ch:
Carla und Carlo, Christian und Christiane,
Carmen, Corinna, Conni und Claudia.

Es ist immer so gewesen,

in ▭ leben viel ▭.

Der ▭ im ▭

fliegt vorn im Flugzeug mit.

China   Copilot   Cockpit   Chinesen

41

X X X

X X X

Xaver

x x x

x x x

Axt

Mixer

Taxi

Die kleine Hexe
will Regen hexen.
Aber sie kann es nicht.
Frösche.
Buttermilch.
Die Hexe hext weiße Mäuse.

Y Y Y

Y Y Y Y
Ypsilon

y y y

y y y y
Baby
Pony
Teddy

Schreibe in Schreibschrift ab!

Pony, Micky Maus, Yvonne
schreiben wir mit Ypsilon.

Xaver, Hexe, fix
schreiben wir mit x.

Mein Schreibschrift-Buchstabenhaus

Aa	Bb	Cc	Dd

Ee	Ff	Gg	Hh	Ii

Jj	Kk	Ll	Mm	Nn

Oo	Pp	Ququ	Rr	Ss

Tt	Uu	Vv	Ww	Xx

Yy   Zz

Meine Lieblingswörter

KUNTERBUNT

Meine ABC Wörter

Schreiblehrgang

V v der Vater, der Vogel, vor

C c der Clown, der Computer

W w die Wurst, die Wolke, was, wo, wir, wollen, sie will

D d die Dose, das, dem, den, der, die

A a — das Auto, die Ameise, alle, an, aus

B b — der Ball, bunt

E e — die Eltern, der Esel, ein, eine, einen, er, das Eis

X x — das Xylophon, die Hexe,

Y y — das Ypsilon, der Yak, das Pony

Z z — der Zoo, die Zange, zu

T t — der Tag, das Telefon, tragen

U u — die Uhr, um, und

Sp sp	der Spiegel, das Spiel, spielen	**F f**	die Feder, die Farbe, finden
St st	der Stern, stehen	**G g**	die Gabel, das Geld, groß, gehen, sie geht
Qu qu	die Qualle, der Quark, quer	**K k**	das Kind, die Kinder, das Kamel, kein, klein, kommen, er kommt
R r	das Rad, rennen, rufen	**L l**	die Lampe, legen, lieb

H h	das Haus, haben, sie hat
I i	der Igel, ich, im, in, ist
J j	der Junge, der Jäger, ja

| S s | die Sonne, sagen, sie, sind |
| Sch sch | die Schere, die Schale, schön |

| M m | die Maus, die Mutter, mit, mein, malen, sie malt |
| N n | der Name, das Nest, nein, nicht |

| O o | der Ofen, die Oma, der Opa, oder |
| P p | die Post, die Puppe, packen |